麹と暮らす。

本書は、2018年2月発行「NHKまる得マガジン 徹底活用！　麹の力でおいしくヘルシー」テキストをもとに再構成し、加筆したものです。放送テキストではありません。

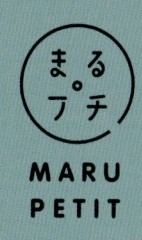

まるプチ
MARU
PETIT

手づくり
みそ、
甘酒、
塩麹

麹
こうじ

KOUJI

真藤舞衣子

NHK まる得マガジンプチ

こんなに楽しい、

☞ 麹を料理に使う醍醐味はなんといっても、素材のうまみを引き出してくれること。下ごしらえに使えば、肉はやわらかく、魚はふっくら仕上がります。

KOME-KOUJI

オススメ！

ぜひ塩麹タンメン（48ページ）をつくってみて。「野菜だけのうまみでこんなにおいしいなんて」と驚くはず。

料理に
入れるだけで、
驚くほど
コクが出る！

☞ 麹自体に甘みやうまみがたっぷり含まれているため、味つけにも大活躍！ 塩やしょうゆ代わりに塩麹、しょうゆ麹を使うだけで、奥行きのある深い味わいに。

麹があれば、みそや甘麹（甘酒）、塩麹、しょうゆ麹などの調味料を簡単につくることができます。愛情込めてつくる自家製の調味料はまた、格別のおいしさです。

麹生活！

麹ひとつで、さまざまな発酵調味料が手づくりできる！

MUGI-KOUJI

麹の発酵調味料は、和食はもちろん、洋食や中華、アジアン……さまざまなジャンルの料理とも相性抜群。パスタやカレーの隠し味に、オイルと合わせてドレッシングにと、自由にアレンジできるのも魅力です。

和・洋・中、どんなジャンルの料理にも使える！

CONTENTS

2. 塩麹　35

CONTENTS

3. きりこみ　87

*本書で使用している計量カップは200㎖、計量スプーンは大さじ15㎖、小さじ5㎖です。1㎖＝1ccです。
*麹には乾燥のものと生のものがありますが、本書の米麹と麦麹は、乾燥タイプを使用しています。
*甘酒や甘麹は糖度が高いため、飲みすぎには注意しましょう。

4. しょうゆ麹・しょうゆ麦麹　95

5. みそ　109

麹、麹菌はすごい！

こうじ

こうじきん

ここ数年来の麹ブームで
一躍脚光を浴びることになった麹菌。
日本の「国菌」と呼ばれる、
麹菌の正体やパワーをご紹介。

麹って何？

　麹とは、米や麦などの穀類や豆類に、カビまたは糸状菌と呼ばれる微生物を繁殖させたもので、米麹、麦麹、豆麹などがあります。カビというと毒素を持っている悪玉のカビをイメージしてしまいがちですが、古来、日本で麹に使用されているカビは、「麹菌」という安全なカビです。麹菌には黄麹菌（ニホンコウジカビ）、黒麹菌などの種類がありますが、なかでも黄麹菌は、日本酒やみそ、みりんなど伝統的な日本の発酵食品や調味料にも欠かせない存在です。古くから先人の生きる知恵として受け継がれてきた麹菌は、日本の貴重な財産として、2006年には日本醸造学会により「国菌」として認定されています。

麹が料理を
おいしくする?

　知っているようで意外と知らない発酵のしくみ。実は微生物が活動し、人間にとって有益に物質が変化することは「発酵」、逆に有害なら「腐敗」となります。まさに、みそやしょうゆ、みりんなどは、微生物である麹菌が穀類や豆類に付着し、発酵することでおいしい食品へと変化します。

　また麹菌は、発酵の過程でたくさんの「酵素」を生み出します。麹菌が持つ酵素の数は多く、たんぱく質を分解するものだけでも100種類以上!　なかでも重要な働きを行っているのが、でんぷんを分解して甘みを出すアミラーゼ、たんぱく質を分解してうまみをつけるプロテアーゼなど。これらの酵素が、食材のうまみや甘みを引き出したり、消化・吸収のよいものにしたり、食感をやわらかくしたりしてくれます。麹を料理に使うとおいしくなるのは、この麹菌の酵素のおかげなのです。

栄養たっぷり！
美肌効果も？

　期待される麹菌の健康効果としてまず挙げられるのが「エルゴチオネイン」。エルゴチオネインには抗酸化作用があり、老化の原因の1つである活性酸素の働きを抑制し、細胞を保護してくれます。これは免疫力のアップにつながります。さらに、「コウジ酸」には、メラニンの生成や皮膚の炎症を抑える作用があるため、美白効果も期待できます。また、「酵素」は、食べ物を分解して栄養を吸収しやすくし、腸内環境を整えてくれます。加えて、麹には体を健康に保つ機能を持つビタミンB群などのビタミン類、ミネラルも含まれています。

　酵素は約60℃以上に加熱すると働きにくくなってしまいますが、コウジ酸などはなくなりません。加熱しても塩麹やみそなどのうまみはしっかり残る点でも、麹はおいしさも健康効果も保つことのできる優れものなのです。

麹菌監修・解説　　**前橋健二**

発酵学者・東京農業大学応用生物科学部 醸造科学科 教授

麹 相関図

米麹・麦麹から、今回紹介した
発酵調味料ができるまでをまとめました。

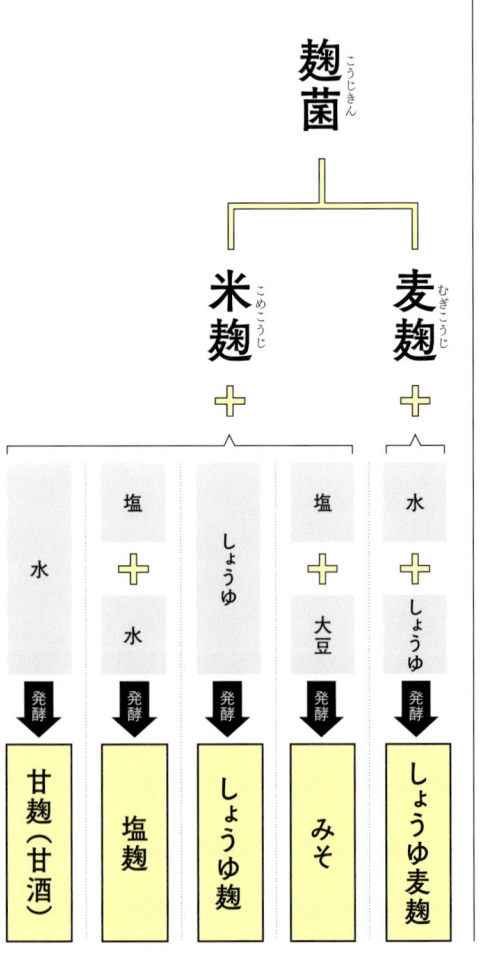

麹菌（こうじきん）

米麹（こめこうじ）　　　麦麹（むぎこうじ）

＋　　　　　　　　＋

水 ｜ 塩 ＋ 水 ｜ しょうゆ ｜ 塩 ＋ 大豆 ｜ 水 ＋ しょうゆ

発酵 ↓

甘麹（甘酒） ｜ 塩麹 ｜ しょうゆ麹 ｜ みそ ｜ しょうゆ麦麹

米麹

大型スーパーマーケットや通信販売などでも入手可能です。米麹は乾燥と生とがありますが、ここでは、取り扱いも簡単で手軽に使える乾燥米麹を使用しています。

麦麹

一般のスーパーマーケットなどでの取り扱いは少ないですが、麹や麹食品を扱う店の通信販売や自然食品店などで入手できます。

甘麹・甘酒

AMA-KOUJI & AMA-ZAKE

材料は米麹と水のみ。甘麹と甘酒の甘みは、砂糖に比べて穏やか。後味がすっきりしているのも特徴です。食材の持ち味をまろやかに引き立てます。

おいしい 甘酒 が飲みたい！

AMA-ZAKE

米麹由来のまろやかな甘みとうまみ、そして
栄養たっぷりの甘酒は、甘麹（18ページ参照）
があれば、簡単につくれます。

材料 （カップ約1杯分）

甘麹（18ページ参照）…… カップ ½*
熱湯 ………………………… カップ ½*
おろししょうが ………… 適宜

つくり方

甘麹をカップに入れ、好みの甘さになるまで熱湯
を加えて薄め、混ぜる。好みでおろししょうがを加
える。

*甘麹のでき上がりによって濃度や甘さが変わるので、1：1
を目安に好みで調節する。

甘酒は"一夜酒（ひとよざけ）"などと呼ばれ、
古くから親しまれてきた甘味飲料です。
しょうがを加えると味が引き締まります。
冷やしてもおすすめ。

甘麹のつくり方は、次のページに！ ⇒

甘麹 のつくり方

AMA-KOUJI

甘味料を使っていないのに甘みがあるのは、麹菌の酵素のおかげ。しっかり酵素が働けるように60℃をキープするのが甘麹づくり最大のポイントです。

材料 （つくりやすい分量・でき上がり量約800㎖）

乾燥米麹 …………… 300g
水 ………………… カップ3

★湯温を計測できる温度計を用意。

① 厚手の鍋に水を入れて火にかけて沸とうさせ、火を止める。65℃まで冷ます。

二 清潔なボウルに米麹を
入れ、手でもんでバラ
バラの粒状にし、㊀に
加える。

バラバラにほぐします〜

三 ごく弱火にかけて温度
をキープしながら、湯
が米麹全体に回るよう
に清潔なスプーンかへ
らでよく混ぜ合わせる。

四 鍋にふたをし、鍋用の保
温カバー（20ページ参照）
に入れるなどして60℃
をキープできるように
する。

60℃をキープ!

60℃をキープできているか途中何度か確認し、清潔なスプーンでかき混ぜる。60℃より5℃以上下がっている場合は、鍋を直接ごく弱火にかけるか、熱湯を張った大きな鍋に入れて（湯煎）、静かに混ぜながら温める。再び60℃になったら、保温カバー内に戻す。60℃をキープして約3時間たつと、とろりとして甘い香りがしてくる。

POINT

甘麹の保温の
しかたいろいろ

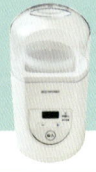

ここでは鍋用の保温カバー（写真左）を使用しましたが、60℃を6〜8時間保つことができれば、ほかの方法でも大丈夫。市販のヨーグルトメーカー（写真右）には甘麹がつくれる機能付きのものもあります（つくる場合は、説明書どおりに使用）。また、保温カバーを使う場合には鍋との間に隙間があれば、タオルや毛布などで包んで保温性を高めるとよいでしょう。

6〜8時間

6時間後に味をみて、甘みが足りないと思ったら、さらに1〜2時間保温する。でき上がったら、好みでミキサーにかけてなめらかにする。清潔な保存容器かジッパー付き保存袋に入れ、冷蔵庫で保存する。

★保存の目安は、冷蔵庫で約1週間、冷凍庫で1か月以内。

甘麹
AMA-KOUJI

ベリーのスムージー

材料（グラス約2杯分）
ベリーミックス（冷凍）…… 40g
甘麹（18ページ参照）…… 大さじ4
豆乳（または牛乳）…… カップ1½

つくり方
ミキサーにすべての材料を入れ、な
めらかにする。

甘麹
AMA-KOUJI

バナナと小松菜の
スムージー

材料（グラス約2杯分）
バナナ …… 1本
小松菜 …… 2茎
甘麹（18ページ参照）…… 大さじ4
豆乳（または牛乳）…… カップ1½

つくり方
1. バナナは皮をむき、2〜3cm幅に
   切る。小松菜は根元をよく洗って
   水けをきり、ザク切りにする。

2. ミキサーにすべての材料を入れ、
   なめらかにする。

甘麹に野菜や果物を
組み合わせたスムージーは、
いわば現代版甘酒。
満腹感も得られるうえ、
素早くエネルギーとなるので、
朝食代わりにもおすすめです。

ベリーのスムージー　　バナナと小松菜のスムージー

甘麹
AMA-KOUJI

甘麹とクリームチーズのペースト

甘麹は、クリームチーズのほか、
ヨーグルトやアイスクリームに
合わせても。また、プリンや
ババロアをつくるときに
砂糖と併用すると、
甘麹の優しい甘みが生きた
デザートに。

材料 (つくりやすい分量)

クリームチーズ (常温に戻す)
　…… 大さじ2
甘麹 (18ページ参照) …… 大さじ1
ミックスナッツ (ローストしてあるもの)
　…… 20g
いちじく (セミドライ) …… 2コ
ハード系のパン (薄切り) ……… 適量

つくり方

1. ナッツは粗く刻む。いちじくは粗
   めに切る。

2. ボウルにパン以外のすべての材
   料を入れ、混ぜ合わせる。

3. 2を器に入れ、パンを添える。

甘麹
AMA-KOUJI

ざっくり白あえ

材料（2人分）

あえ衣

木綿豆腐 …… ½丁（約180g）
甘麹（18ページ参照）…… 大さじ2
すりごま（白）…… 大さじ1
しょうゆ …… 小さじ1
塩 …… 少々
春菊 …… ½ワ
うす口しょうゆ …… 小さじ1
干し柿（あんぽ柿など）…… 1コ
くるみ（ローストしてあるもの）…… 20g

つくり方

1. 豆腐はペーパータオルで包み、水を張った鍋などをのせて約1時間おき、水きりする。

2. 春菊は塩少々（分量外）を加えた湯でサッとゆでて水けをきり、3cm長さに切る。ボウルに入れて、うす口しょうゆを加えてあえ、約5分間おいて汁けを絞る。干し柿は5mm幅に切る。くるみは粗いみじん切りにする。

3. ボウルに **1** の豆腐を手でくずしながら入れ、残りのあえ衣の材料を加えて混ぜ合わせる。

4. **3** に **2** を加え、さっくりとあえる。

干し柿やくるみで風味や食感に
変化を出した新感覚の白あえ。
甘麹を加えると、
まろやかさがより引き立ちます。

甘麹
AMA-KOUJI

しょうが焼き

材料（2人分）

豚ロース肉（薄切り）…… 300g
たまねぎ …… ½コ
A｜ しょうゆ …… 大さじ1
　　甘麹（18ページ参照）
　　　…… 大さじ½
　　にんにく（すりおろす）
　　　…… 1かけ分
しょうが（すりおろす）…… 1かけ分
こしょう …… 少々
ごま油（または菜種油）…… 小さじ1
キャベツ（せん切り）…… 適量

つくり方

1. たまねぎは繊維に沿って5mm幅に切る。

2. ボウルに**A**を入れてよく混ぜ合わせる。

3. **2**に**1**、豚肉を加えてもみ込み⒜、ラップをかけて冷蔵庫で30分間以上おく。

4. フライパンにごま油を入れて中火にかけ、熱くなったら**3**を加えて炒める。

5. 豚肉とたまねぎに火が通ったら、こしょうをふり、しょうがを加えてサッと混ぜる。

6. 器に**5**、キャベツを盛る。

⒜

甘麹を豚肉にもみ込むと、麹の酵素の働きでやわらかに。長くおくと麹の風味が強くなります。

麹菌の酵素のおかげで、
豚肉がふっくら。
仕上げに加える
しょうががアクセント。
食欲をそそります！

甘麹
AMA-KOUJI

たらの甘酒焼き

甘酒に漬け込めば、焼き魚も、しっとりした仕上がりに。西京漬けより簡単です。味もまろやかで、お弁当のおかずにもぴったり！

材料（2人分）

銀だら（切り身／さわら、鮭などでも）
　……2切れ
塩*……少々

A | 甘麹（18ページ参照）……75㎖
　| 水……25㎖

*塩をしてある魚の場合は不要。

つくり方

1. たらをバットに並べ、両面に塩をふる。

2. 塩が溶けて水けがにじんできたら、ペーパータオルではさんで水けを拭く。

3. ジッパー付き保存袋にAを入れて混ぜ、たらを入れてなじませ（ⓐ）、冷蔵庫で半日〜1日間おく。

4. たらを保存袋から取り出し、ゴムべらでサッとAをぬぐう。

5. 魚焼きグリルなどで、焦げつかないように両面を焼く。

ⓐ

漬けた後、そのまま冷凍しても便利。

甘麹
AMA-KOUJI

簡単べったら漬け

材料（2人分）

大根 …… ½本
甘麹（18ページ参照）…… 150g
塩 …… 10g
赤とうがらし …… 1本
昆布 …… 5cm四方

つくり方

1. 大根は皮をむき、縦半分に切る。塩をまぶし、ジッパー付き保存袋に入れる。保存袋ごとボウルに入れ、水を張った鍋などをのせて、約半日間おく。

2. 1の保存袋から水けをきり、甘麹、赤とうがらし、昆布を加える。

3. 冷蔵庫に入れ、1〜2日間漬ける。食べる際は周りを洗い流さず、食べやすい幅に切ってどうぞ。

本来は粗漬け、中漬け、本漬けと
時間がかかる漬物を手軽に。
江戸の庶民にお茶請けとして
親しまれてきた本格派の味です。

甘麹でつくる
やさしいおやつ

やさしい甘さが特徴の甘麹。ジャム代わりにヨーグルトに入れたり、無糖のピーナツバターと合わせてディップをつくり、トーストにつけて食べたりと、ほんのり穏やかな甘みを味わいたいときにぴったり。なかでも、私のお気に入りは甘麹アイス。シャリシャリした食感がおいしい自家製アイスが、あっという間に完成します。

甘麹アイス

「ベリーのスムージー」（22ページ参照）を、製氷器やバットなどに流し入れて、冷やし固めるだけ。ミキサーにかけるときに、ココナツオイルを大さじ1ほど加えると、濃厚な味わいになってさらにおいしさアップ！

フルーツは、40gを目安に、好きなものでOKですよ。バナナやマンゴーなど、いろいろ試してみてくださいね。

2.

塩麹

米麹と塩を合わせて水となじませ、あとは常温で発酵させるだけ。あえ物や漬物から、揚げ物や煮物まで、塩の代わりにパパッと気軽に使えるのが塩麹の魅力です。

塩麹 のつくり方
SHIO-KOUJI

塩麹は数年前からの麹人気をけん引してきた立て役者。乾燥米麹と塩、水を混ぜ合わせて発酵させます。とろみがついて、鋭いしょっぱさが和らぎ、ほのかな甘みを感じるようになったら、でき上がりのサインです。

材料　（つくりやすい分量・でき上がり量約500㎖）

乾燥米麹 ·············· 200g
塩* ····················· 60g
水 ·················· カップ 1¼

*苦みやえぐみが少なく、うまみがある天日塩などがおすすめ。

清潔な保存容器に、米麹を手でほぐしながら入れる。パラパラの粒状になっていればよい。

二 に塩を加え、清潔な
スプーンか手で均一に
なるまで混ぜ合わせる。

三 に水を少しずつ注ぎ
入れ、清潔なスプーン
で全体がしっかりとな
じむまで混ぜ合わせる。

四、

ふたをして直射日光が当たらない常温の場所におき、1日約1回、上下を返すように混ぜる。2〜3日間でなじんでくる（写真は3日後の状態）。

五、

🕐

1週間〜10日間

1週間〜10日間おいてとろりとしたら、ミキサーにかけてペースト状にする。でき上がりまでは、夏より冬のほうが時間がかかる。

POINT
───────

**なめらかにすれば
使いやすさアップ！**

米の粒々した舌触りが気にならなければミキサーにかけなくてもかまいませんが、ミキサーにかけると舌触りがよくなり、食材ともなじみやすくなります。加熱調理の際も焦げにくくなって"一石三鳥"！

（六）

清潔な容器に移し、冷蔵庫で保存する。

★保存の目安は、冷蔵庫で約半年間。

POINT

必ず冷蔵庫で保存！

塩麹の完成後も常温においたままだと雑菌が繁殖する場合があるので、早めに冷蔵庫で保存を。冷蔵庫で保存している間も少しずつ発酵が進んで形状が変化し、手順⑤でミキサーにかけなかった場合でも、徐々にとろりとした状態になります。麹と水が分離している場合は、使う前に清潔なゴムべらかスプーンで上下を返すように混ぜてからどうぞ。

塩麹で料理をつくってみよう！

かぶの塩麹即席漬け

塩麹で野菜や肉、魚介類を
漬けたりあえたりすると、
うまみが増し、
食感がやわらかくなります。
1種類の野菜だけでも
驚くほど深い味わいに。

材料 (つくりやすい分量)

かぶ……2株
塩麹 (36ページ参照)
　……小さじ2〜大さじ1

つくり方

1. かぶは茎と葉を切り落とし、皮を
　むく。縦半分に切ってから、8㎜
　幅のくし形に切る。茎と葉は4㎝
　長さに切る。

2. ボウルに1、塩麹を入れてよくも
　み込む。ポリ袋に入れて、外から
　もみ込んでもよい。かぶが少しし
　んなりしたらでき上がり。

厚揚げの塩麹焼き

材料（つくりやすい分量）

厚揚げ …… 1枚（200g）
塩麹（36ページ参照）…… 大さじ2
ごま油 …… 少々

つくり方

1. 厚揚げは 1cm幅に切り、バットに
   並べる。両面に薄く塩麹を塗り、
   15分間以上おく。

2. フライパンにごま油を入れて中火
   にかけ、**1**を並べ入れてこんがり
   焼き色がつくまで両面を焼く。

塩麹は、塩と同様に
いろいろな料理に利用可能。
しかも、だしを使わなくても、
味がきちんと決まります。
厚揚げに塗って焼くだけで、ごちそうに。

鶏むね肉の塩麹唐揚げ

つくり方

1. 鶏肉は大きめの一口大に切る。

2. ジッパー付き保存袋に**1**、塩麹を入れて外側からもんでなじませ、30分間冷蔵庫におく。

3. **2**にかたくり粉を加え、保存袋をゆすってかたくり粉を鶏肉にまぶすⓐ。

4. 中温（170〜180℃未満）に熱した油に**3**の鶏肉を1つずつ入れ、薄く揚げ色がついたら取り出す。

5. **4**の油を高温（180〜185℃）に上げ、取り出した鶏肉を戻し入れて、カラッとして濃い揚げ色がつくまで揚げて取り出す。

6. 器に盛り、仕上げにすだちを添える。

材料（つくりやすい分量）

鶏むね肉 ⋯⋯（大）2枚（約600g）
塩麹（36ページ参照）⋯⋯ 大さじ3
かたくり粉 ⋯⋯ 適量
揚げ油 ⋯⋯ 適量
すだち（輪切り）⋯⋯ 適量

ⓐ

塩麹の下味つけから、粉まぶしまで、保存袋1つでOKです。

パサつきがちな鶏むね肉も
塩麹効果でしっとりジューシー！
調味料は塩麹だけなのに、
後を引く味の深さです。

塩麹
SHIO-KOUJI

塩麹のミートソース

材料 (つくりやすい分量)

合いびき肉 …… 500g
たまねぎ …… 1コ
にんじん …… ½本
ピーマン …… 2コ
トマトの水煮 (缶詰／
　カットタイプ) …… 2缶 (800g)
にんにく (みじん切り)
　…… 1かけ分
塩麹 (36ページ参照)
　…… 大さじ3〜5
ローリエ …… 1枚
赤とうがらし (好みで／
　ヘタと種を除く) …… 1本
オリーブ油 …… 大さじ2
こしょう …… 少々

以下は好みで
スパゲッティ (乾) …… 適宜
イタリアンパセリ (細切り)
　…… 適宜
パルメザンチーズ …… 適宜

つくり方

1. たまねぎ、にんじんはみじん切り
   にする。ピーマンはヘタと種を除
   き、みじん切りにする。

2. 深さのある大きめのフライパンか
   鍋にオリーブ油、たまねぎ、にん
   にくを入れて中火にかけ、へらで
   混ぜながら炒める。薄く色づいた
   ら、にんじん、ピーマンを加えて
   炒める。

3. ピーマンがしんなりしたら、ロー
   リエ、好みで赤とうがらし、さら
   にひき肉を加えて炒める。

4. ひき肉に火が通って白っぽくなっ
   たら、トマトの水煮を加える。煮
   立ったら弱火にし、時折へらで混
   ぜながら、汁けが少なくなってと
   ろりとするまで煮詰める。

5. 4 に塩麹、こしょうを加えて混ぜ
   る。味をみて、薄ければ塩麹適量
   (分量外) を加える。

   ★ミートソースはジッパー付き保存袋に
   小分けにして入れ、冷凍しておくと便利。

塩麹効果でひき肉の脂っこさやくさみも一切なく深みのある味に。スパゲッティに合わせたり、オムレツにかけたりと、幅広く活用できます。

野菜たっぷりの塩麹タンメン

塩麹
SHIO-KOUJI

肉や魚介を使っていないのに、
驚くほどの深い味でボリュームも満点！
野菜は好きなもの、手元にあるものを
自由に組み合わせて。

材料（2人分）

キャベツ …… ⅙コ
もやし …… ½袋（100g）
ねぎ …… ½本
にんじん …… ¼本
生きくらげ* …… 2コ
生しいたけ …… 1枚
A｜にんにく（みじん切り）…… 1かけ分
　｜しょうが（みじん切り）…… 1かけ分
　｜ごま油 …… 小さじ2
塩麹（36ページ参照）…… 大さじ3
中華麺（生）…… 2玉

*乾燥品を表示どおりに戻したものでもよい。

つくり方

1. キャベツはザク切りにする。もやしはひげ根を除く。ねぎは薄い斜め切り、にんじんは短冊切り、しいたけは軸を除き、薄切りにする。きくらげはかたい部分を除いて小さめの一口大に切る。

2. 鍋にAを入れて中火にかける。香りがたってきたら、にんじん、キャベツ、きくらげ、しいたけ、ねぎ、もやしの順に加えながら、そのつど炒め合わせる。別の鍋で麺を袋の表示どおりにゆで始める。

3. 2の野菜に火が通ったら塩麹、水カップ3を加える。煮立ったら、ゆで上がった麺を、湯をきって加える。

塩麹
SHIO-KOUJI

スペイン生まれのオイル煮料理を
塩麹でパワーアップ。
塩麹を混ぜ込んだシーフードは
プリプリ食感で、
オイルもうまみたっぷりに。

シーフードのアヒージョ

材料（つくりやすい分量）

シーフードミックス
　（冷凍／解凍する）…… 150g
ミニトマト …… 8コ
塩麹（36ページ参照）…… 大さじ1
にんにく …… 1かけ
赤とうがらし …… 1本
オリーブ油 …… カップ1
パン（薄切りのバゲットなど）…… 適量

つくり方

1. ミニトマトはヘタを除く。にんにくは縦半分に切って芯があれば除き、包丁の腹でつぶす。赤とうがらしはヘタを除いて長さを半分に切り、好みで種を除く。

2. シーフードミックスはサッと洗って水けをきる。小さめの浅鍋に入れ、塩麹を加えて混ぜる。

3. 2に1、オリーブ油を加えて、中火にかける。シーフードミックスに火が通ったら、鍋のまま食卓へ。好みのパンを添え、オイルをつけて食べる。

ひよこ豆の塩麹ペースト

塩麹
SHIO-KOUJI

中東発祥でフムスの名で親しまれている、
ヘルシーなペースト。
独特のコクと香りがクセになります。
サンドイッチにもおすすめ。

材料（つくりやすい分量）

A ひよこ豆の水煮（缶詰／
　　ドライパックでもよい）…… 400g
　練りごま（白）…… 大さじ2
　塩麹（36ページ参照）…… 大さじ½
　練りごま（白）…… 大さじ2
　にんにく（すりおろす）…… ½かけ分
　レモン汁 …… 小さじ2
オリーブ油 …… 大さじ3
パプリカパウダー（好みで）…… 適宜
クミンシード（好みで）…… 適宜
クラッカー（またはパン）…… 適量

つくり方

1. フードプロセッサーやミキサーな
   どで、**A**をペースト状になめらか
   にする。

2. 1を器に盛り、オリーブ油を回し
   かける。好みでパプリカパウダー、
   クミンシードをふる。クラッカー
   を添える。

塩麹でドレッシング
いろいろ

ほどよい塩気の中に、うまみや甘みがギュッと凝縮された塩麹は、ドレッシングやたれづくりにも重宝する優れもの。塩麹と酢を合わせるだけの簡単ドレッシングから、たまねぎやにんにくなどの香味野菜を使った本格派まで、アレンジも多彩。野菜もモリモリ食べられます。また、サラダだけでなく、肉や魚料理の味つけやソースとして使うのもおすすめです。

/ どれも、材料を全部混ぜるだけ \

BASIC　　塩麹ビネガードレッシング

塩麹		酢
1	**:**	**1**

\ これが基本！ /

サラダにかけるだけでなく、漬けおきの調味料としても使える万能ドレッシング（86ページ参照）。

オリーブ油を
適量足しても
おいしいですよ!

塩麹レモン風味ドレッシング

塩麹		酢		レモン汁
1	:	**1**	:	$\dfrac{1}{3}$
大さじ1		大さじ1		小さじ1

さっぱりとした口当たりで、白身魚にかけてもおいしい。無農薬のレモンなら、すりおろした皮を入れると、香りをより楽しめます。

キャロットジンジャードレッシング

塩麹		酢		オリーブ油		にんじん (すりおろす)		しょうが (すりおろす)
1	:	**1**	:	**1**	:	**2**	:	**少々**
50mℓ		50mℓ		50mℓ		½本分		1かけ分

お肉などにかけてもさっぱりとおいしいです。

SPECIAL

サラダがたくさん食べたくなるドレッシング

材料

たまねぎ …… ¼コ
にんじん …… ⅓本
りんご …… ½コ
にんにく …… 1かけ
練りごま（白）…… 大さじ2

卵黄 …… 1コ分
しょうゆ …… 大さじ1〜1½
塩麹 …… 大さじ2
ごま油 …… 150mℓ
こしょう …… 少々

つくり方

たまねぎなどは粗く刻み、材料すべてをミキサーにかけるだけ! つくったら早めに食べきりましょう。

塩麹に練りごまも加わって、より深い味わいに。かけるだけで、いつものサラダがぜいたくな一品に。

おいしい

手づくり塩麹

Q & A

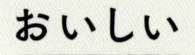

塩麹をおいしくつくるための疑問に
お答えします!

Q1.

**高い塩を使ったほうが、
おいしくなりますか?**

A. 高い、安いはあまり関係ないでしょう。それよりも、私は精製塩ではなく天然塩を選ぶようにしています。苦みやえぐみが少なく、うまみがある天日塩などがおすすめです。

Q2.

**塩分が気になるので、
塩の量を減らしてもいいですか?**

A. 塩を減らすのはおすすめできません。塩分濃度が低いと、麹についていた雑菌が繁殖しやすい環境に。それを防ぐためには、10%以上の塩分が必要です。塩分が気になる場合は、調理の際に使う塩麹の量を控えめにしてください。塩麹はうまみや甘みが豊富なため、少なめでも満足できる味になります。

Q3.

**水はミネラルウォーターを
使ったほうがよいですか?**

A. ミネラルウォーターでも浄水した水道水
でも、どちらを使っても問題ありませんが、
硬水でつくるとおいしくありません。ミネ
ラルウォーターを使う場合は、必ず軟水
を選びましょう。

Q4.

**ブクブクと泡立っているんですが、
大丈夫でしょうか?**

A. 乾燥麹でつくると、はじめに泡立つことが
ありますが、問題ありません。数日後に
泡立ってきたときは、涼しい場所において
少し休ませてあげるとよいでしょう。

Q5.

**1日1回、かき混ぜるのは
どうしてですか?**

A. 混ぜることで発酵が均一に進みます。また、

カビの発生を抑える効果もあります。かき混ぜる際のスプーンなどは必ず清潔なものを使いましょう。

Q6.

**1週間おいているのですが、
なかなかとろっとしません。
失敗でしょうか?**

A. 発酵があまり進んでいないだけで失敗ではありません。もう少し常温において、毎日かき混ぜながら様子をみましょう。

Q7.

**茶色く変色してしまったのですが、
食べられますか?**

A. 古い麹を使用すると、茶色く変色する場合があります。失敗ではないので、そのまま使って問題ありません。ただし、ピンク、赤などに変色したり、臭いが気になったりする場合は、カビの発生や腐敗の可能性もあるため、残念ですが処分しましょう。

Q8.

でき上がりのタイミングが
わかりません。

A. とろっとして麹の甘い香りがしてきたら完
成ですが、よくわからない場合は、麹の
粒を指でつまんでみましょう。やわらか
くほろほろとくずれる状態であれば、冷
蔵庫に移してOK。粒の芯が残っていたら、
もう少し常温において様子をみましょう。

Q9.

塩麹をたくさん
つくりすぎてしまいました。
冷凍庫で保存はできますか？

A. 冷凍保存は可能です。清潔な保存容器や
ジッパー付き保存袋などに入れて保存しま
しょう。ただし、長期冷凍は風味の劣化
につながるため、早めに使うことをおす
すめします。

Q10.

塩麹をつくるのに
最適な時期はありますか？

A. 塩麹は、季節を問わずいつでもつくることができます。ただし、夏場よりも気温が低い冬は発酵が進みにくいため、長めに常温においておく必要があります。

Q11.

あまった乾燥米麹は
どうすればいいですか？

A. 乾燥米麹は、基本的には常温で保存が可能ですが、高温多湿なところは避け、水分を吸収しないよう、密封して保存します。ジッパー付き保存袋などに入れて冷凍してもOK。いずれにしても、開封したあとは、早めに使いきりましょう。

なるほど！

 ＋ **ひき肉を使って**

肉そぼろ

麹効果でそぼろの
一粒一粒がふっくら。
塩気もまろやかです。

鶏、または豚のひき肉を使った肉そぼろです。塩麹、にんにく、しょうがでシンプルな味つけなので、ご飯にのせて丼やお弁当に、また、炒め物やドライカレー、オムレツ、サンドイッチにと、幅広く使えます。

ごぼうとまいたけ、
肉そぼろの炊き込みご飯

そぼろ入り卵焼き

肉そぼろの
アジアンあえ麺

料理のつくり方は、P.64〜69 ⇒

材料 （つくりやすい分量）

鶏ひき肉（または豚ひき肉）
…… 500g

A｜塩麹（36ページ参照）
　　…… 大さじ5
　　にんにく（すりおろす）
　　…… 1かけ分
　　しょうが（すりおろす）
　　…… 1かけ分

つくり方

1. 表面加工のしてあるフライパンにひき肉を入れ、強火にかける。へらでほぐしながら炒める。

2. 火が通って白っぽくなったら、Aを加えて ⓐ、混ぜながら炒める。にんにくとしょうがの香りがたって、全体に火が通ったら火を止める。

3. 粗熱が取れたら、清潔な保存容器に移して冷蔵庫に入れる。

ⓐ

塩麹はほどよいとろみがあるので、
全体に味をなじませるのも簡単です。

★保存の目安は、冷蔵庫で約1週間以内。小分けにし、冷凍保存もできる（保存の目安は、2週間以内）。

おかずのもと
肉そぼろ
NIKU-SOBORO

ごぼうとまいたけ、肉そぼろの炊き込みご飯

ご飯と相性のいい肉そぼろが、
ごぼうとまいたけの風味を引き立てます。
冷めて、全体がなじんだ味も格別。
まいたけは、ほかのきのこでも。

材料（つくりやすい分量）

肉そぼろ（62ページ参照）…… 大さじ5
ごぼう …… 約15cm
まいたけ …… ½パック（50g）
米 …… 360mℓ（2合）

A | しょうが（せん切り）…… 1かけ分
  | 昆布 …… 5cm四方
  | しょうゆ …… 小さじ2
  | みりん …… 大さじ2
  | 塩麹（36ページ参照）…… 小さじ1

細ねぎ（好みで／小口切り）…… 適宜

つくり方

1. ごぼうはささがきにし、水にさらしてから水けをきる。まいたけは根元のかたい部分があれば除き、食べやすくほぐす。

2. 米は洗って水けをきる。鍋に入れて水約カップ2（鍋や炊飯器、米の状態で加減する）、A、1のごぼうとまいたけ、肉そぼろを加えて炊く。

3. 炊き上がったら約10分間蒸らし、さっくりと混ぜる。器に盛り、好みで細ねぎを散らす。

おかずのもと

肉
そぼろ

NIKU-SOBORO

そぼろ入り卵焼き

材料（つくりやすい分量）

卵 …… 3 コ
肉そぼろ（62ページ参照）
　　…… 大さじ 3
牛乳（または豆乳）…… 大さじ 3
サラダ油 …… 適量
大根おろし …… 適量

つくり方

1. ボウルに卵を割り入れて菜箸で溶きほぐし、肉そぼろ、牛乳を加えてよく混ぜる。

2. 卵焼き器＊を中火にかけ、サラダ油少々を入れ、全体になじませる。卵液の約⅓量を流し入れて広げ、固まってきたら、奥から手前に巻く。

3. 巻き終わったら卵を卵焼き器の奥に押しやり、サラダ油少々を卵焼き器にペーパータオルかはけで塗ってなじませる。卵液の残りの¼量を流し、焼いた卵の下にも流し入れて同様に焼き、同じ手順を繰り返して全量を焼く。

4. バットなどに取って冷まし、粗熱が取れたら食べやすい厚さに切って器に盛り、仕上げに大根おろしを添える。

＊18×13cmの卵焼き器を使用。このサイズより大きい卵焼き器を使う場合は、つくり方 2〜3 で卵液を 1 回に流す量を多くし、3〜4 回に分けて焼く。

永遠の人気者を塩麹の肉そぼろでバージョンアップ！ 味つけは肉そぼろの塩気のみ。食べごたえも十分です。

肉そぼろのアジアンあえ麺

ごろごろ入った肉そぼろで
ボリュームも味も満点! ねぎやパクチー、
ごま油の香りが食欲をそそります。

材料（2人分）

肉そぼろ（62ページ参照）…… 大さじ4

中華麺（生）…… 2玉

ねぎ …… ½本

ピーナツ（ローストしてあるもの）
　　…… 約大さじ1

パクチー …… 適量

A｜ごま油 …… 大さじ1
　｜しょうゆ麹＊（96ページ参照）
　｜　…… 小さじ2
　｜オイスターソース …… 小さじ2

ごま油 …… 少々

こしょう …… 適宜

＊同量の塩麹、もしくはしょうゆでも代用可。

つくり方

1. ねぎは斜め薄切りにする。ピーナツは粗く砕く。パクチーは食べやすくちぎる。Aを混ぜておく。

2. フライパンにごま油を入れて中火にかけ、肉そぼろを入れて炒める。

3. 鍋にたっぷりの湯を沸かし、麺をほぐしながら入れ、袋の表示時間より30秒間短めにゆでる。

4. 3 の湯をきって皿に盛り、ねぎをのせ、2 を熱いうちにのせる。ピーナツを散らしてAをかけ、パクチーを添える。好みでこしょうをふる。全体をしっかり混ぜ合わせて食べる。

塩麹　SHIO-KOUJI ＋ **鶏むね肉を使って**

ゆで鶏

塩麹をなじませてから
ゆでるので、
しっとりやわらか。

クセのない鶏むね肉はさまざまな食材と合わせやすいのが魅力。脂もほとんどないので、冷たくしてもおいしくいただけます。サンドイッチの具などにも。うまみたっぷりのゆで汁もスープなどに大活躍！

ゆで鶏香味あえ

ゆで鶏のにゅうめん

ゆで鶏の彩り生春巻

料理のつくり方は、**P.72〜77** ⇒

材料（つくりやすい分量）

鶏むね肉 …… 2枚（1枚300g）
塩麹（36ページ参照）
　　…… 大さじ2
ねぎ（青い部分）…… 2本分
しょうが（皮）…… 1かけ分

鍋の中でなじませればそのまま加熱
できるので、バットなどを洗う必要
もなく、便利です。

つくり方

1. 深めの鍋に鶏肉を重ならないように入れ、塩麹をゴムべらで全面に塗り広げⓐ、約1時間おく。

2. 1の鍋にねぎ、しょうがを入れ、水約カップ7を肉が完全にひたひたにかぶるように注ぎ入れて中火にかける。煮立ってきたら、弱火にし、静かに約7分間ゆでる。

3. 肉の上下を返し、火を止めてふたをし、そのまま冷めるまでおいて余熱で中まで火を通す*。清潔な保存容器にゆで汁と一緒に移して冷蔵庫に入れる。

   *保存する前に、中まで完全に火が通っているか必ず確認する。

★ 保存の目安は、冷蔵庫で4〜5日間以内。薄く切ってラップで包み、冷凍保存もできる（保存の目安は、2週間以内）。

おかずのもと
ゆで鶏
YUDE-DORI

ゆで鶏香味あえ

材料（2人分）

ゆで鶏（70ページ参照）…… $\frac{1}{3}$〜$\frac{1}{4}$枚
ねぎ …… 10cm
青じそ …… 3枚
しょうが …… $\frac{1}{2}$かけ
しょうゆ麦麹*（102ページ参照）
　…… 大さじ1
ごま油 …… 小さじ1

*しょうゆ小さじ $\frac{1}{2}$ 〜 1に塩麹小さじ1を
加えたものでも代用可。

つくり方

1. ゆで鶏は食べやすい太さに裂く。

2. ねぎは5cm長さに切り、縦に切り
目を入れて芯の部分を除く。繊
維に沿って端からせん切りにし、
水にさらしてから水けをきる（白
髪ねぎ）。青じそ、しょうがはせ
ん切りにする。

3. ボウルに1、2を入れて混ぜ合わ
せ、しょうゆ麦麹、ごま油を加え
てあえる。

香味野菜たっぷりで
ビールのおつまみにもぴったり。
豆腐や中華麺にのせて
食べるのもおすすめです。

ゆで鶏のにゅうめん

材料（2人分）

ゆで鶏（70ページ参照）…… ¼枚
そうめん …… 2〜3束（100〜150g）
水菜 …… 1株
せり …… ½ワ（30g）
ゆで鶏のゆで汁（70ページ参照）
　　…… 大さじ4
だし（できれば昆布だし）…… カップ4
うす口しょうゆ …… 約小さじ1

つくり方

1. ゆで鶏は5mm厚さに切る。水菜
   は根元を切り落とし、7〜8cm長
   さに切る。せりは7〜8cm長さに
   切る。

2. 鍋にたっぷりの湯を沸かし、そう
   めんを袋の表示どおりにゆでる。
   流水でもみ洗いし、水けをきる。

3. 鍋にゆで鶏のゆで汁、だしを入
   れて中火にかける。沸いたら、う
   す口しょうゆで味を調える。

4. 3に2を入れて煮立ったら器に盛
   る。ゆで鶏、水菜、せりをのせる。

ゆで鶏のゆで汁も活用して、
温かなにゅうめんに。
水菜とせりをたっぷり加えて、
香りと歯触りにひとひねり。

ゆで鶏の彩り生春巻

色鮮やかなものなどお好みで。
野菜は香りのあるものや
一緒に巻き込んで、生春巻に。
たっぷりの、色鮮やかな野菜と

76

材料 (2人分)

ゆで鶏 (70ページ参照) ······ ⅓枚
生春巻の皮 ······ 4枚
さつまいも ······ ¼本
水菜 ······ 2株
紫キャベツ ······ 2枚
にんじん ······ ¼本
アルファルファ ······ 1パック (30g)
青じそ ······ 8枚

たれ *

| ナムプラー・はちみつ・レモン汁
 ······ 各大さじ1
| カイエンヌペッパー ······ 少々

*たれは、54ページの塩麹ビネガードレッシングでも。

つくり方

1. ゆで鶏は細切り、紫キャベツとにんじんはせん切りにする。さつまいもはせん切りにし、少しかためにゆで、水けをきる。水菜は根元を落とし、長さを4等分に切る。アルファルファは洗って水けをきる。

2. さらし布巾を水でぬらして絞り、まな板の上に置く。生春巻の皮1枚を水にくぐらせ布巾の上に広げる。

3. 青じそ2枚を葉裏を上にして2の上に広げ、1のゆで鶏と野菜を¼量ずつ横長にのせる。皮の両端を折り、手前からきっちりと巻く。残りも同様にして巻く。食べやすく半分に切り、器に盛る。混ぜ合わせたたれを添える。

塩麹 SHIO-KOUJI + **豚塊肉を使って**

蒸し豚

ふっくらと蒸し上がった
豚肉は迫力満点。

粗熱が取れたところで、約1㎝厚さに切り、わさびや練りがらしで食べれば、それだけでごちそうに。小さく角切りにして、チャーハンや混ぜご飯の具材にするのもおすすめです。できたてを切り分けると、うまみたっぷりの肉汁があふれます。

＼ 蒸し豚をつくっておくと、こんな料理がつくれる！ ／

大根と蒸し豚の煮物
カレーの香り

蒸し豚とにらのチヂミ

蒸し豚サンド

料理のつくり方は、P.80〜85 ⇒

材料（つくりやすい分量）

豚肩ロース肉（塊）
…… 約400g
塩麹（36ページ参照）
…… 大さじ2
A｜ねぎ（青い部分）…… 2本分
　｜にんにく（つぶす）
　｜　…… 1かけ分
　｜しょうが（皮）…… 1かけ分

出てくる湯気が少なくなったら、湯
を足すサイン。早めに足しましょう。

つくり方

1. 豚肉は厚みを半分に切る。耐熱性のバットに入れて塩麹をゴムべらで等分に塗り込み、約1時間おく。Aをバットに加える。

2. 湯気の立った蒸し器に1のバットを入れてふたをし、弱めの中火で蒸す。途中、蒸し器の湯が少なくなっていれば湯を適量足す(a)。約15分後に火を止め、ふたをしたままさらに約15分間おいて、余熱で火を通す*。

3. 粗熱が取れたら、清潔な保存容器に蒸し汁と一緒に移して冷蔵庫に入れる。

  *保存する前に、中まで完全に火が通っているか必ず確認する。

  ★保存の目安は、冷蔵庫で4〜5日間以内。薄く切ってラップで包み、冷凍保存もできる（保存の目安は、2週間以内）。

おかずのもと
蒸し豚
MUSHI-BUTA

大根と蒸し豚の煮物
カレーの香り

蒸し豚と蒸し汁を使えば、
煮物の時間も大幅に短縮可能。
ナムプラーとカレー粉を使わずに
しょうゆで和風に仕上げても。

材料（2人分）

蒸し豚（78ページ参照）…… ½量
大根 …… 12cm（300g）
A　水 …… カップ1
　　蒸し豚の蒸し汁（78ページ参照）
　　　…… 大さじ1
　　酒 …… 大さじ1
　　ナムプラー …… 大さじ1
カレー粉 …… 小さじ1

つくり方

1. 蒸し豚は2cm幅に切る。

2. 大根は約3cm幅に切り（大きけれ
   ば、半月形に切る）、厚めに皮を
   むいて角の部分を浅くそいで丸く
   する（面取り）。鍋に入れてかぶる
   くらいの水を注ぎ、強火にかける。
   煮立ったら中火にして、大根が透
   き通ってくるまで10〜12分間ゆ
   でる。火から下ろして流水を注ぎ、
   冷めたら洗って、水けをきる。

3. 鍋に1、2、Aを入れて中火にかけ、
   煮立ったら弱火にして約15分間
   煮る。仕上げにカレー粉を加え、
   なじんだら火を止める。

おかずのもと
蒸し豚
MUSHI-BUTA

蒸し豚とにらのチヂミ

蒸し豚とにらをたっぷり入れて、
韓国風のお好み焼きに。
多めの油で、カリッと香ばしく焼き上げます。

材料（2人分）

蒸し豚（78ページ参照）…… ¼量
にら …… ½ワ（50g）
A │ 薄力粉 …… 165g
　│ かたくり粉 …… 35g
　│ 卵 …… 1コ
　│ にんにく（すりおろす）…… 1かけ分
　│ 白ごま …… 大さじ1
　│ 塩麹（36ページ参照）
　│ 　…… 大さじ1弱
　│ 水 …… 160mℓ
ごま油 …… 大さじ2
たれ
　│ しょうゆ麹＊（96ページ参照）
　│ 　…… 大さじ1
　│ 酢・ごま油 …… 各大さじ1

＊なければしょうゆでも。

つくり方

1. 蒸し豚は薄切りにする。にらは5cm長さに切る。たれの材料を混ぜ合わせる。

2. ボウルにAを順に入れて混ぜ、均一になったら、1の蒸し豚とにらを加えてざっと混ぜる。

3. 大きめのフライパンにごま油を入れて中火にかけ、2の生地を流し入れてふたをする。片面3〜4分間ずつ、カリッとするまで焼く。

4. 食べやすく切って、器に盛り、たれを添える。

おかずのもと

蒸し豚

MUSHI-BUTA

蒸し豚サンド

きゅうりに塩をふってなじませ、
余分な水けを取るのがポイント。
やわらかな蒸し豚と心地よい歯触りの
きゅうりのコンビが絶妙です。

材料（2人分）

蒸し豚（78ページ参照）…… 6枚
角食パン（サンドイッチ用）…… 4枚
きゅうり …… 1本
バター（常温に戻す）…… 小さじ4
マヨネーズ …… 小さじ2
粒マスタード …… 小さじ2
塩 …… 少々

つくり方

1. 蒸し豚は3mm幅の薄切りにする。きゅうりは縦に3mm幅に切ってバットに並べ、全体に塩をふる。水けが出てきたら、ペーパータオルではさんで水けを拭く。

2. パンは片面にバター、マヨネーズ、マスタードの順に塗り重ねる。バターなどを塗った面を上にして、**1** のきゅうり、蒸し豚を並べる。その上に、バターなどを塗った面を下にしてパンをのせる。2組つくり、軽くおもしをして約5分間おき、食べやすく切る。

麹のうまみを生かす常備菜

忙しいときはもちろん、もう一品ほしいというときに便利な「万能おかずのもと」。わが家では、漬けておくだけの簡単な常備菜も立派なおかずのもととして大活躍。なかでもおすすめは、にんじんの塩麹ドレッシング漬け。そのままカレーや肉料理に添えたり、アレンジしてラペにしたりと使い勝手も抜群。冷蔵庫で1週間ほど日もちするので、少し多めにつくっておくと重宝します。

にんじんの塩麹ドレッシング漬け

材料

にんじん …… ½本
パセリ …… 適量
塩麹ビネガードレッシング
（54ページ参照）…… 大さじ1

つくり方

せん切りにしたにんじんとパセリをドレッシングであえ、なじませる。

はちみつ（小さじ1）と粗挽き黒こしょうであえたら、さわやか風味のキャロットラペに！

きりこみ

麹は、さまざまな漬物にも使われて
きました。とろっとした舌触りと濃厚
なうまみが魅力の「きりこみ」もその
ひとつ。魚介を米麹で漬ける、手軽
な麹漬けです。

KIRIKOMI

鮭のきりこみ

材料 (つくりやすい分量)

サーモン (刺身用) ……200g
乾燥米麹 ……100g (サーモンの半量)
塩 ……10g
A｜みりん ……大さじ1
　｜しょうが (せん切り) ……1かけ分
　｜赤とうがらし (ヘタと種を除いて
　｜輪切り) ……適量

つくり方

1. 清潔なボウルに米麹を手でほぐしながら入れる。ぬるま湯(約40℃)を米麹がかぶるくらいまで注ぎ入れ、約30分間おいて米麹を戻す。米麹がやわらかくなったら清潔なざるにあげ、水けをしっかりきる。

2. サーモンは食べやすい厚さに切ってジッパー付き保存袋に入れ、塩を加えてなじませる⒜。

3. 2にA、1を加えて外側からもむようにして混ぜ合わせ、空気を抜く。

4. 冷蔵庫に2〜3日間おき、全体がとろっとしてきたら完成。冷蔵庫で保存し、5日間以内に食べきる。

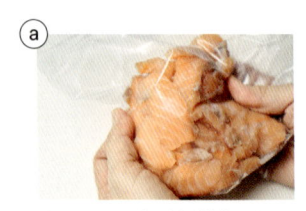

サーモンはできるだけ鮮度のよいものを。下味をつけると、ぼやけずにしっかりした味になります。

鮭の紅と米麹の白の色合いが美しく、味わいも秀逸。熱々のご飯にはもちろん、日本酒にもぴったりな一品です。

しめさばのきりこみ

たまねぎと米麹を合わせて
発酵させてから、しめさばをあえます。
パンとも相性のいい、
洋風テイストのきりこみです。

材料（つくりやすい分量）

しめさば（市販）* …… 半身
乾燥米麹 …… 100g
紫たまねぎ …… 1コ
しょうが（せん切り）…… 1かけ分
塩 …… 小さじ2
青とうがらし（生／ヘタと種を除いて
　輪切り）…… 1本分
オリーブ油 …… 適量
イタリアンパセリ …… 適量
*使用する直前に、新鮮なものを購入する。

つくり方

1. 紫たまねぎは繊維に沿って薄切りにする。ボウルに移し、しょうが、塩を加えて混ぜ合わせ、約30分間おく。しんなりしたら、水けが出るまでもみ込む。

2. 1に青とうがらし、米麹を手でほぐしながら加えて、よく混ぜ合わせる。

3. 2をジッパー付き保存袋に移し、空気を抜く。冷蔵庫に約3日間おく。

4. しめさばを食べやすい厚さに切って、3に加えてあえる。器に盛ってオリーブ油をかけ、仕上げにイタリアンパセリを添える。冷蔵庫で保存し、5日間以内に食べきる。

きり
こみ
KIRIKOMI

彩り野菜のきりこみ

ピクルス感覚で楽しめる、
彩り鮮やかな野菜だけのきりこみ。
時間をおいて酸味が出てきたら、
水けを絞り、しょうゆをかけても。

材料 (つくりやすい分量)

きゅうり …… 2本
大根 …… 15cm
紫キャベツ …… ¼コ
にんじん …… 1本
乾燥米麹 …… 100g
しょうが (せん切り) …… 1かけ分
塩 …… 30g
赤とうがらし
　(ヘタと種を除いて輪切り) …… 少々

つくり方

1. きゅうりは5mm厚さの斜め切りにする。大根は5mm厚さのいちょう切りにする。紫キャベツとにんじんは5cm長さのせん切りにする。

2. 1、しょうが、塩をボウルに入れて混ぜ合わせ、約30分間おく。しんなりしたら、水けが出るまでもみ込む。

3. 2に赤とうがらし、米麹を手でほぐしながら加えて、よく混ぜ合わせる。

4. ジッパー付き保存袋に移し、空気を抜く。冷蔵庫に4〜5日間おく。冷蔵庫で保存し、約1週間以内で食べきる。

入門編におすすめの

きりこみ

　日本では、千枚漬けやべったら漬けなど野菜を使ったもののほか、鮭を使った福島県伊達市の紅葉漬け（こうよう）や秋田県のハタハタずしなど魚介類の麹漬けも多く伝わってきました。魚介を包丁で切り刻むことから名付けられたともいわれる、きりこみもそのひとつ。北海道のにしんのきりこみなどがよく知られています。

　きりこみは、新鮮な魚介と麹があれば家庭でも簡単につくることができるので、麹漬けの入門編としておすすめ。麹と魚介の濃厚なうまみを堪能でき、ご飯やお酒のおともにも最適です。ただし、塩麹などに比べて、塩分濃度が低いので、つくる際は新鮮な食材を使い、清潔な環境で調理することが重要なポイント。つくったらなるべく早く食べきりましょう。

きりこみをつくるときは、ジッパー付き保存袋を使うと、道具や手が触れず、清潔な環境で漬け込むことができますよ。そのまま冷蔵庫で保存できて便利。

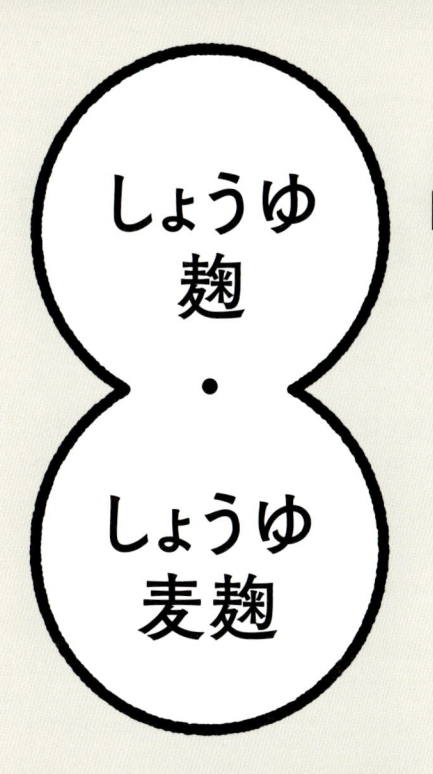

4.

しょうゆ麹・しょうゆ麦麹

米麹にしょうゆを混ぜ、常温で発酵させるだけ。うまみや風味がパワーアップした調味料ができ上がります。プチプチ食感のしょうゆ麦麹バージョンもご紹介。

しょうゆ麹 のつくり方
SHOYU-KOUJI

米麹をほぐしてしょうゆと混ぜ合わせるだけ
で、あとは麹菌におまかせ。麹菌の酵素が
働いて、抜群においしい調味料に。

材料 （つくりやすい分量・でき上がり量約400㎖）

乾燥米麹 200g
しょうゆ* カップ1

*添加物を使用していない、濃口のしょうゆがおすすめ。

一

清潔な保存容器に、
米麹を手でほぐしなが
ら入れる。パラパラの
粒状になっていればよ
い。しょうゆを静かに
注ぎ入れる。

しょうゆにつかります

清潔なスプーンで均一
になるまで混ぜ合わせ
る。

ふたをして直射日光が
当たらない常温の場所
におき、1日約1回上
下を返すように混ぜる。
2〜3日間でなじんでく
る(写真は2日後の状
態)。

🕐

1週間〜10日間

1週間〜10日間おき、
とろりとしたら完成。
冷蔵庫で保存する。

★保存の目安は、冷蔵庫で
約半年間。

長芋のしょうゆ麹梅肉あえ

梅干しの酸味としょうゆ麹の
まろやかなうまみの
組み合わせが絶妙。
しょうゆ麹はあえたりかけたり、
または漬けたりと、
しょうゆと同じ感覚で使えます。

材料（2人分）

長芋 …… 10cm
しょうゆ麹（96ページ参照）…… 大さじ1
梅干し …… 1コ
青じそ …… 2枚

つくり方

1. 長芋は皮をむいて5cm長さに切り、せん切りにする。梅干しは種を除き、包丁でたたいてペースト状にする。青じそはせん切りにする。

2. ボウルに**1**、しょうゆ麹を入れて、あえる。

しょうゆ麹
ドレッシングのサラダ

しょうゆ麹ドレッシングは
いろいろな具材と相性よし!
野菜や豆腐にかけるほか、
豚しゃぶなどにかけるのもおすすめ。

材料（2人分）

しょうゆ麹ドレッシング

> しょうゆ麹（96ページ参照）
> …… 大さじ2
> 甘麹（18ページ参照）…… 大さじ1
> たまねぎ（すりおろす）…… ¼コ分
> にんにく（すりおろす）…… 1かけ分
> ごま油（白）…… 大さじ3
> 酢 …… 大さじ2

木綿豆腐 …… ½丁（約180g）

キヌア* …… 大さじ2

芽ひじき（乾）…… 大さじ2

アボカド …… ½コ

トマト …… （小）1コ

紫キャベツ …… 3枚

*キヌアがなければ押し麦でもよい。

つくり方

1. ボウルにしょうゆ麹ドレッシングの材料を入れ、よく混ぜ合わせる。

2. 豆腐はペーパータオルで包み、水を張った鍋などをのせて約1時間おき、水きりする。1.5cm角に切る。キヌアは表示どおりにゆでる。ひじきは表示どおりに戻し、水けをきる。アボカドとトマトは1.5cm角に切る。紫キャベツは5cm長さのせん切りにする。

3. 別のボウルに2を入れて、ざっくりと混ぜ合わせて、器に盛る。ドレッシングを添え、たっぷりかけながら食べる。

しょうゆ麦麹 のつくり方
SHOYU-MUGIKOUJI

麹菌を大麦にまぶして繁殖させた麦麹でつくります。プチプチした食感と独得の香ばしさが特徴です。

材料 （つくりやすい分量・でき上がり量約450㎖）

乾燥麦麹 ……………… 150g
ぬるま湯（一度沸とうさせて約40℃まで冷ましたもの）…… 80㎖
しょうゆ* ……………… カップ1
*添加物を使用していない、濃口のしょうゆがおすすめ。

一

清潔な保存容器に、麦麹を手でほぐしながら入れる。

🕐
1時間

㊀にぬるま湯を加えて
混ぜ合わせ、約1時間
おく。

㊁にしょうゆを静かに
注ぎ入れ、清潔なスプ
ーンで均一になるまで
よく混ぜ合わせる。

🕐
1週間～10日間

ふたをして直射日光が
当たらない常温の場所
におき、1日約1回上
下を返すように混ぜる。
2～3日間でなじみ、1
週間～10日間おいて
麦麹がやわらかくなれ
ば完成。冷蔵庫で保存
する。
★保存の目安は、冷蔵庫で
約半年間。

しょうゆ麦麹で小皿パーティー

まろやかなしょうゆ風味で
プチプチした食感が楽しい、
しょうゆ麦麹。
そのまま食材にのせたり
あえたりするだけで、
もてなしにもぴったりな
おいしい一品に。

豚しゃぶしょうゆ麦麹

豚しゃぶしゃぶ用肉を食べや
すく切ってサッと湯にくぐら
せて水けをきり、しょうゆ麦
麹、白髪ねぎ（72ページ参
照）をのせるだけ。

ふろふき大根のしょうゆ麦麹のせ

皮をむいてやわらかく炊いた
大根にしょうゆ麦麹を
のせるだけ。

アボカドしょうゆ麦麹

食べやすく切ったアボカドに、
しょうゆ麦麹を添えるだけ。

冷ややっこのしょうゆ麦麹のせ

軽く水きりした豆腐に、
しょうゆ麦麹をのせるだけ。

まぐろしょうゆ麦麹

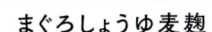

刺身用のまぐろブツ切りと、
しょうゆ麦麹、細ねぎの
小口切りをあえるだけ。

しょうゆ麦麹の
洋風ちらしずし

材料（2〜3人分）

生ハム …… 5〜6枚

クリームチーズ …… 20g

すし飯用の米 …… 360㎖（2合）

A 白ワインビネガー（または米酢）
　…… 大さじ3
　塩麹（36ページ参照）
　…… 小さじ1
　砂糖 …… 大さじ1½

B しょうゆ麦麹（102ページ参照）
　…… 大さじ1
　オリーブ油 …… 大さじ2

細ねぎ（小口切り）…… 3〜4本分

こしょう …… 少々

食用菊（花びら）…… 適量

つくり方

1. 生ハムは食べやすい大きさに切る。クリームチーズは1.5㎝角に切る。

2. すし飯をつくる。米はかために炊く。**A**を小鍋に入れ、軽く煮立たせて火を止める。炊いた米が熱いうちに**A**を回し入れ、うちわなどであおぎながら、しゃもじで切るように混ぜて冷ます。

3. **2**を器に盛り、**1**、細ねぎを散らす。混ぜ合わせた**B**を回しかけ、こしょう、仕上げに食用菊をちらす。

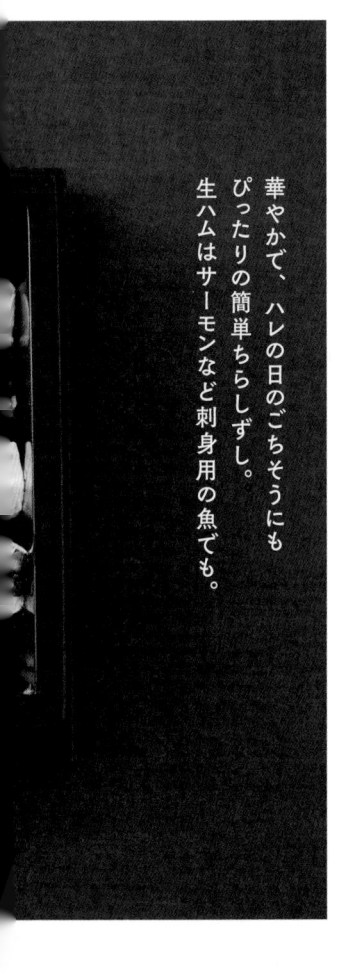

華やかで、ハレの日のごちそうにもぴったりの簡単ちらしずし。生ハムはサーモンなど刺身用の魚でも。

意外な調味料との合わせ技

私の中で新たな発見だったのがしょうゆ麦麹とタバスコとのペアリング。ピリッとしたタバスコの刺激的な辛さと酸味、そこに麹のうまみが一体となり、うま辛な味わいに。麦のプチプチとした食感も楽しめます。ピーマンやパプリカなどの焼き野菜にタバスコとしょうゆ麦麹を合わせれば、あっという間にご飯がすすむ一品が完成します。しょうゆ麦麹がない場合は、しょうゆ麹でも。

焼き野菜のしょうゆ麦麹あえ

材料
好みの野菜
　（ピーマン、なす、パプリカ、オクラなど）…… 適量
タバスコ、しょうゆ麦麹（またはしょうゆ麹）…… 適量

つくり方
好みの野菜を魚焼きグリルやオーブンなどで焼いたら、適量のタバスコとしょうゆ麦麹であえる。

時間をかけてつくった自家製みそは、わが家だけの格別な味。煮た大豆に米麹と塩を合わせ、あとは常温でじっくりと発酵させるだけ、と実は簡単です。

みそ のつくり方

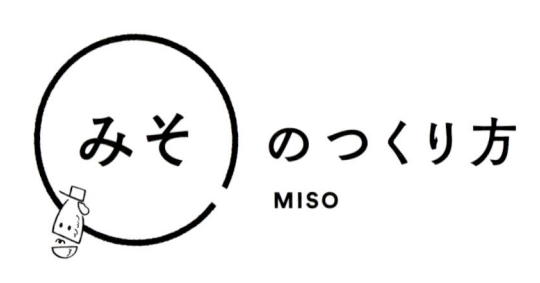

MISO

ジッパー付き保存袋を使うと、発酵期間中も場所をとらず、便利。清潔な状態が保てるうえ、発酵の様子もよくわかります。

材料 （つくりやすい分量・ジッパー付き保存袋〔大〕1枚分）

乾燥米麹 …………… 800g
大豆 ………………… 400g
塩＊ ………………… 200g
大豆の煮汁 ………… カップ1強

＊苦みやえぐみが少なく、うまみがある天日塩などがおすすめ。

大豆を煮る

一晩

大豆は洗って水けをきり、ボウルに入れる。たっぷりの水（目安は大豆の量の3〜4倍）を注ぎ入れて一晩浸す。浸した後は2倍以上にふくらむ。

3時間

㊁ ㊀の大豆の水けをきって鍋に入れる。かぶるくらいの水を注ぎ入れ、少しずらしてふたをして中火にかける。煮立ってアクが浮いたら、そのつどすくい取り、途中で水を足しながら弱火で約3時間煮る。

㊂ 大豆が指でつぶせるくらいにやわらかくなっていたら、大豆のみをボウルに移す。煮汁はあとで使うので、とっておく。

POINT

圧力鍋で時短も

大豆を煮る際に圧力鍋を使えば、15〜20分間とグンと調理時間が短縮できます。その場合は、圧力鍋の使用説明書やレシピブックのとおりに調理を。

こんなふうにやわらかくなるまで煮よう！

大豆と麹を合わせる

四

別のボウルに米麹を入れ、手でもんでバラバラの粒状にし、塩を加えて手で混ぜ合わせる。

五

㊂の大豆が手で触れるくらいに冷めたら、手で握るようにしてもみつぶしていく。大豆の粒の残し具合は好みだが、ほぼペースト状になればOK。

（六）四の半量を⑤に加え、手で混ぜ合わせる。均一になったら、四の残りを加えてさらに混ぜ合わせる。

（七）六に、三で取りおいた煮汁を少しずつ加えながら、手でよく混ぜ合わせていく。耳たぶくらいのやわらかさになったら、大豆と麹の混ぜ合わせは完了。

ボール状に丸め、袋に詰めて発酵させる

八

㋭を直径約8cmくらいずつ手に取って丸める。1つずつ両手でキャッチボールをするようにして手のひらに打ちつけて、中の空気を抜く。

九

ジッパー付き保存袋に、㋩を1つずつパンッとたたきつけるように入れていく。少し詰めたところで、保存袋の底両端の先まで空気が入らないようにしっかり丁寧に詰める。

POINT

真空状態で保存する

丸めたり、袋に詰めたりする際には空気をよく抜くこと。空気が残ったままだと、発酵の途中でカビが生えやすくなります。万が一生えた場合は取り除きましょう。

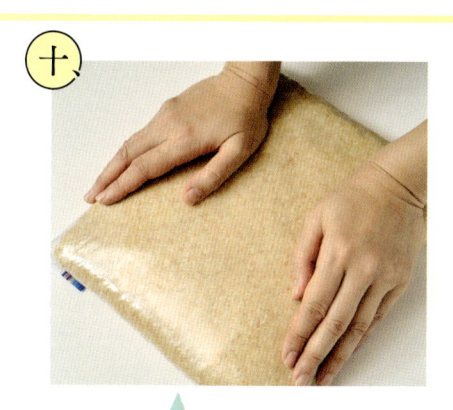

（十）

🕐 **約6か月間**

㈧をすべて詰めたら均一にならし、空気を抜いてジッパーを閉める。直射日光が当たらない常温の場所におく。

POINT

お気に入りの味になったら冷蔵庫へ

3か月くらいたつと、発酵が進んで袋が少しふくらんでくることも。その場合は、一度空気を抜いて口を閉じましょう。6か月後くらいから食べられますが、その後も常温においておけば熟成は進み、色も味も変わります。自分が「おいしい！」と感じたら完成。冷蔵庫に移しましょう。

（十一）

約6か月後から食べられる。この時点では浅めの色で味もあっさり。清潔な保存容器に小分けして保存すると、使いやすく、比較的清潔が保たれるのでおすすめ（写真は1年後のもの）。

★保存の目安は、冷蔵庫に移したら約半年間。

豆腐チゲ

みそ
MISO

（韓国風豆腐鍋）

材料（2人分）

寄せ豆腐（絹ごし豆腐でもよい）
…… 1パック（350g）

あさり（殻付き）…… 100g

豚こま切れ肉 …… 100g

ねぎ …… 1本

にんにく …… 1かけ

白菜キムチ（市販）…… 100g

とうがらし粉（好みで／
できれば韓国産*）…… 約小さじ1

ごま油 …… 大さじ1

日本酒 …… 大さじ1

みそ（110ページ参照）…… 大さじ1

卵 …… 2コ

細ねぎ（小口切り）…… 適量

*韓国産とうがらしは辛みがマイルド。
日本産を使う場合は、加減する。

海水くらいの塩水の目安は水1ℓに
対し、塩30g。塩をよく溶かしてか
らあさりをボウルに入れます。

つくり方

1. あさりは殻をすり合わせるように
   して洗ってボウルに入れ、海水く
   らいの塩水（約3%／分量外）を
   かぶるくらい入れる。常温に1〜
   2時間おいて、砂抜きをする ⓐ。

2. 豚肉は大きければ一口大に切る。
   ねぎは2cm幅の斜め切りにする。
   にんにくはみじん切りにする。キ
   ムチは大きければ食べやすく切る。

3. 鍋ににんにく、ごま油を入れて
   中火にかける。にんにくの周りが
   フツフツと泡立ってきたら、豚肉、
   キムチを入れ、好みでとうがらし
   粉を加えて弱火で炒める。

4. 全体がなじんだら、水カップ2、
   酒を加えて中火にする。煮立った
   ら、豆腐、あさりも加える。

5. あさりの殻が開いたらみそを加
   えて味を調え、ねぎを加える。ね
   ぎがしんなりしたら、卵を割り入
   れる。仕上げに細ねぎを散らす。

スンドゥブと呼ばれる豆腐を使った、
韓国の鍋料理をアレンジ。
盛りだくさんの具材を、
麹をたっぷり使った自家製みそが
まろやかにまとめます。

みそのバーニャカウダ風

イタリアの郷土料理を、
自家製みそでアレンジ。
みそはオリーブ油との
相性も抜群で、
その香りを引き立てます。

材料（つくりやすい分量）

A | みそ（110ページ参照）
　　…… 大さじ1
　| オリーブ油 …… 大さじ1
　| 豆乳 …… 大さじ1
　| にんにく（すりおろす）
　　…… 1かけ分
　| みりん …… 小さじ1
好みの野菜* …… 適量

*パプリカ、チコリや電子レンジで加熱した
カリフラワー、ブロッコリー、かぼちゃなど。

つくり方

1. Aを小鍋に入れて弱火にかけ、よ
   く混ぜながら温める。

2. フツフツと煮立ったら、器に移す。

3. それぞれ食べやすく下ごしらえし
   た好みの野菜を添え、**2**につけ
   ながら食べる。

おいしい

手づくりみそ

Q & A

みそをおいしくつくるための疑問に
お答えします！

みそを仕込むのに最適な時期は？

A. 一年中いつでも仕込むことができます。ただ、「寒仕込み」という言葉があるように、一般的に、みその仕込みは1〜3月などの寒い季節に行うことが多いようです。たしかに、この時期に仕込んだみそは、しっかりと熟成が進み、コクのあるおいしいみそに仕上がります。夏に仕込んだみそは、あっさりとした味わいになります。また、夏は温度も湿度も高いため、夏に仕込むと雑菌が混入したり繁殖したりしやすいので、注意が必要です。

大豆がうまくつぶれません。

A. 大豆のゆで時間が足りないことが原因です。大豆がかたいとボソボソとした口当たりに。おいしいみそに仕上げるためには、大豆をしっかりやわらかくゆでることが大切。大豆を指でつまんでつぶせたら、ゆで上がりのサインです（111ページ参照）。

Q3.

高い塩を使ったほうが、
おいしくなりますか?

A. 塩麹と同じで、高い、安いはあまり関係ないでしょう。精製塩ではなく、苦みやえぐみが少なくてうまみがある天日塩などがおすすめです。

Q4.

ボール状に丸めるときや、
保存袋に詰めるときに
空気を抜くのはなぜですか?

A. 空気が入っているとカビの原因になります。ジッパー付き保存袋に詰めるときも、パンッとたたきつけるように投げ入れ、必ず空気を抜くようにしましょう。

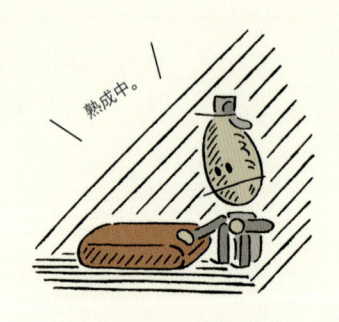

熟成中。

Q5.

茶色の汁が出てきてしまいました。失敗でしょうか?

A.
これは、たまりといって、みそから分離した液体のこと。発酵、熟成が進んでいる証拠です。たまりが出てきたら、かき混ぜてみそとなじませてあげましょう。

Q6.

白っぽいカビが生えてきた……。もう食べられない?

A.
みその表面に発生した白いカビは、産膜酵母といって酵母菌の一種。無害のため心配はありませんが、風味が落ちるため取り除いておきましょう。取り除くときは、清潔な竹串などを使ってそっとすくうようにします。また、雑菌の付着やカビの発生を防ぐためにも、袋の口についたみそは綿棒などできれいに取り除き、空気をしっかりと抜きながら口を閉じましょう。みその表面ができるだけ空気に触れないようにするのが、カビを生えにくくするコツです。

Q7.

**発酵の途中で、
かき混ぜなくても大丈夫?**

A. 基本的に家庭用の分量であれば、かき混ぜなくても問題ありません。たまりが出てきた場合のみ、軽く混ぜるとよいでしょう。

Q8.

**どんな場所で
熟成させたらいいですか?**

A. 人が生活しやすい温度や湿度の場所が、みそも熟成しやすい場所です。リビングの片隅などで十分です。15℃以下では、熟成はあまり進みませんが、極端に高温なのも、みそは苦手。盛夏は、風通しのよい冷暗所におきましょう。

Q9.

**みそは、いつごろから
食べられますか?**

A. 発酵、熟成期間が5〜6か月を過ぎたころから食べることができます。初めはあっさりした味です。

Q10.

冷蔵庫に入れる
タイミングがわかりません。

A.

味をみて、ご自身がおいしいと感じるタイミングで、冷蔵庫に移しましょう。冷蔵庫に保管することで、発酵、熟成の働きを抑えることができます。また、半分だけ先に冷蔵庫に移し、残りの半分はもう少し熟成させるというのもひとつの手。食べ比べをしながら、2種類の味を楽しむことができます。そのとき、みそができるだけ空気にふれないように保存しましょう。

Q11.

常温においておけば、
その分だけ発酵、熟成が進んで
おいしくなるの?

A.

常温で1年以上おくのはおすすめしません。発酵、熟成が進みすぎて、風味が劣化してしまいます。おいしいうちに、容器に移して冷蔵庫で保管しましょう。

　食卓に並ぶぬか漬けや納豆、祖母がつくってくれる甘酒など、幼いころから自然と発酵食品に親しむ機会が多かった私は、20代のころに経験した京都の禅寺でのたくあんづくりを経て、発酵の奥深さにより興味を持つようになりました。

　初めて塩麹を料理に使ったときの衝撃はいまだに忘れられません。塩の代わりに塩麹を入れただけで、深いコクとうまみが生まれ驚きのおいしさに。それからは、塩麹、甘麹、しょうゆ麹、みそ……。さまざまな麹の発酵調味料を手づくりし、塩やしょうゆ代わり、また下ごしらえや隠し味にとフル活用。今では麹は日々の食卓に欠かせないものになっています。

　私が主宰している料理教室でも、みそづくりや甘酒づくりはとても人気です。やはり自分でつくったものは格別。また、毎日、自家製みそでつくったおみそ汁を飲んでいると、肌の調子もよくて風邪もひきにくく、いつも健康で過ごせているように思います。

　麹と聞くと、「難しそう」と思われるかもしれませんが、塩麹やしょうゆ麹、甘麹は手間もかからず意外と簡単。ぜひ本書でご紹介した麹レシピを毎日のご飯づくりにどんどん取り入れてみてください。塩やしょうゆの代わりに、炒め物にちょっと入れてみるところから始めてみるのもいいと思います。「あ、おいしい」──いつもの料理を格上げしてくれる麹のパワーに、きっと皆さんも驚くはずです。

SHINDO MAIKO

真藤舞衣子

しんどうまいこ／東京都生まれ。料理家。企業勤務の後、京都の禅寺にて1年間生活。その後フランスのリッツ・エスコフィエ・パリ料理学校に留学し、帰国後東京の菓子店での勤務を経て、独立。現在は山梨と東京、2地域居住しながら料理教室を主宰するほか、料理レシピ開発や食育アドバイザーとして活動中。『箸休め』（学研プラス）、『さばかないデリ風魚介レシピ』（産業編集センター）、『和えもの』（主婦と生活社）など著書多数。

STAFF

麹菌監修	前橋健二
表紙デザイン	北田進吾
本文デザイン	堀 由佳里、キタダデザイン
撮影	衛藤キヨコ
イラスト	fancomi
スタイリング	朴 玲愛
校正	ケイズオフィス
DTP	ドルフィン
協力	遠藤綾子
進行アシスタント	丸山秀子
編集	鴨志田倫子、平野陽子（NHK出版）
協力	NHKエデュケーショナル

NHK まる得マガジンプチ

麹 手づくりみそ、甘酒、塩麹

2019 年 9 月 20 日　第 1 刷発行

著者	真藤舞衣子
	©2019 Maiko Shindo
発行者	森永公紀
発行所	NHK出版
	〒 150−8081　東京都渋谷区宇田川町 41−1
	電話　0570−002−140（編集）
	0570−000−321（注文）
	ホームページ　http://www.nhk-book.co.jp
	振替　00110-1-49701
印刷	廣済堂
製本	ブックアート

Printed in Japan
ISBN978-4-14-033302-0 C2077